BALLET
DV ROY

DES FESTES

DE BACCHVS.

Danſé au Palais Royal, le 2.
& le 4. jour de May 1651.

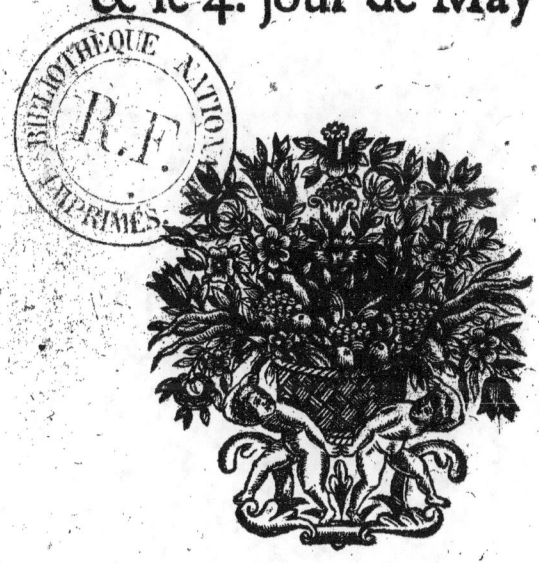

À PARIS,

Par ROBERT BALLARD, ſeul Imprimeur du
Roy pour la Muſique.

M. DC. LI.
AVEC PERMISSION.

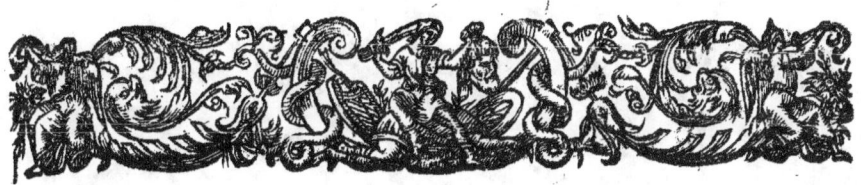

BALLET
DV ROY.
Des Festes de Bacchus.

PREMIER RECIT.

La Sobrieté, Cornaro, & l'Indigence, chaffez
de l'Ifle dorée, & menez en triomphe
par vn Parafite.

I vous voulez viure long-temps,
Suiuez cet auis falutaire,
Fuyez la bonne chere,
Elle accourcit nos ans:
Quittez ce faux plaifir, vous ne fçauriez mieux faire,
Si vous voulez viure long-temps.

Il n'eft icy rien de fi doux
Que les feftins, & l'abondance;
La diuine abftinence
A plus d'attraits pour nous:
Ayons pour fa beauté toujours de la conftance,
Il n'eft enfin rien de fi doux.

A ij

PREMIERE ENTRE'E.

Le Fourgon chargé de toutes les choſes
neceſſaires à la ceremonie des
feſtes de Bacchus.

Mᶜ de Sainĉtot Lardenay , les Sʳˢ Queru,
du Mouſtier, Lerambert, & Anſſe,
chaſſans le Recit.

 Llez , maigre Cornare , ennemy des vrays biens,
Retournez à Veniſe , & ſortez de nos terres :
Suffit que de chez vous il nous vienne des verres,
Nous n'auons pas beſoin d'autres Venitiens .

II. ENTRE'E.

Concierges du Palais de Silene ayant
la clef des caues.

Les Sieurs Courtois & Laleu.

Nous ſommes gardiens d'vn precieux treſor
Qui paſſe les rubis , les diamans , & l'or
Que l'auarice adore , & dont elle eſt eſclaue;
Nous auons les clefs de la caue.

III. ENTRE'E.

Le Temps qui amene la joye & l'abondance
necessaires à la ceremonie.

Le Duc de Ioyeuse, *representant le* Temps,

A v x D a m e s.

MErueilleuses beautez de cent graces pourueuës,
Auec ces doux regards plains de feux éclatans,
   Ie croy que vous n'estes venuës
   Icy que pour tuër le Temps.

C'est vn meschant dessein que celuy qui vous porte
A commetre ce meurtre aux yeux des Assistans,
   Ne me traittez pas de la sorte,
   Il faut bien ménager le Temps.

Sçachez qu'on doit aymer alors qu'on est aymées,
Et quand par vos faueurs mes vœux seroient contens,
   Vous ne sçauriez estre blasmées
   De vous accommoder au Temps.

Ie suis digne apres tout de vos bontez parfaites,
Et si vous m'accordez la grace que j'atten,
   Vous en serez fort satisfaites
   Et vous direz, ó le bon Temps !

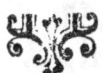

IIII. ENTRÉE.

Filoux traineurs d'épées fortans du Palais
de Silene, échauffez par le vin.

LE ROY.   Le Duc de Mercœur, le Comte
de Sainct Agnan, Mr Coquet fils, les Srs Barbau,
Verbec, & Robichon.

AVX DAMES.

BEautez capables de rauir
Les Dieux auſſi bien que les hommes,
Voulez-vous ſçauoir qui nous ſommes ?
De francs Filoux pour vous ſeruir.

Les beaux objets ſont trop heureux
Que nous deüenions leurs eſclaues,
Ce n'eſt point pour faire les braues,
Mais nous ſommes fort dangereux.

Deſſus le paué de Paris
Nous cauſons des troubles horribles,
Et nous ſommes des gens terribles
A la nation des Maris.

Dans le meſtier qui nous occupe
Nos ſentimens ſont aſſez beaux,
Car nous priſons plus vne iuppe
Que nous ne ferions vingt manteaux.

Deux Afficheurs Colporteurs affichans & crians
par toute l'ifle les feftes de Bacchus.

Mʳˢ Sainctot, & Cabou.

LEs libelles & les affiches
Nous rendront opulens & riches,
On y gagne en toutes faifons,
Auffi pour auoir l'abondance
Dans le Meftier que nous faifons,
Il fuffit que la Prouidance
Ait foin des Petites Maifons.

VI. ENTREÉ.

Le triomphe de Bacchus monté fur vn monftre
à trois teftes, de finge, de lion, & de pourceau;
reprefentant le vin gay, furieux, & endormy: Il
fera accompagné de trois demons appellez Co-
balles, & de trois filles que ces demons ont rendu infenfées.

Monfieur Frere vnique du Roy, *Fille.*
Les Comtes de Sainct Agnan fils, Viuonne, de Guiche,
le petit Laleu, & Bonar fils, *Demons, & Filles.*

Bacchus, reprefenté par Mʳ· Coquet pere.

LEs Indes ont ployé fous mon effort diuin,
L'Vniuers eft témoin de ma grandeur parfaite,
Et ie ne fus iamais vaincu que par le Vin,
Mais je trouue ma gloire en ma propre défaite.

Les Comtes de Guiche , Viuonne,& Bonar fils,
repreſentans trois Démons .

A Quoy pouuons nous eſtre bons
Quand nous aurons figure d'hommes,
Puiſque tous enfans que nous ſommes
Nous ſommes de petits Demons.

Monſieur Frere vnique du Roy, *repreſentant vne Fille.*

I'Eſtois vn fort joly garçon,
Et j'auois toute la façon
Qu'on voit aux Royales perſonnes
Qui touchent de prés les Couronnes,
Quand à force de m'attacher
Au beau ſexe qui m'eſt ſi cher,
En m'habillant comme il s'habille
Ie ſuis enfin deuenu fille:
Vn ſi merueilleux changement
Sert de preuue comme l'Amant
Dont l'ame eſt beaucoup enflamée
Se transforme en la choſe aymée;
Mais je ſens bien que je ne puis
Seruir ce ſexe quand j'en ſuis,
Et je commence à recognoiſtre
Pour l'aymer qu'il n'en faut pas eſtre;
C'eſt pourquoy je ſerois d'auis
De reprendre auec mes habits
Celuy-là dont j'eſtois n'aguere,
I'ay beaucoup de choſes à faire

Que j'en

Que j'en feray bien mieux à point,
On peut donner à mon pourpoint
Ce qu'on ne feroit pas fi duppe
D'accorder à mon corps de juppe :
Sans y faire tant de façon
Ie veux redeuenir garçon ,
Et que plus d'vne fille m'ayme
Auecque ce defaut-là mefme.

VII. ENTRE'E.

Quatre Nourrices de Bacchus.

Le Duc de Mercœur, le marquis de montglas,
Mrs. Sanguin, & la Chefnaye, *reprefentans*
des Nourrices.

Avx Demoiselles.

IL n'eft pas mal-aifé d'acquerir nos offices,
Et pour y paruenir le chemin en eft doux ;
Mais vous ne fçauriez mieux vous addreffer qu'à nous
Si vous voulez apprendre à deuenir Nourrices.

VIII. ENTRE'E.

Deuins & Poëtes.

LE ROY.   Le Comte de S. Agnan, le Marquis
de Villequier, Mr. Coquet fils, & le Sr. Molier.

LE vin qui des Heros éleue le grand cœur
Infpire à nos efprits leurs diuines furies,
Et naiffent de cette liqueur
Les beaux Vers, & les Centuries.

C

LE ROY, *repreſentant vn Deuin.*

QVe de gens ſur ce front dont l'éclat eſt diuin
Vont chercher de leur ſort vn infaillible augure,
Et que de Courtiſans iront à ce Deuin
Pour apprendre leur bonne, ou mauuaiſe auanture.

C'eſt vn noble Genie, il promet aux humains
Le retour de la Paix, & des mœurs anciennes,
Et s'il veut obſeruer les lignes de nos mains,
Tout ce qu'il y verra nous doit venir des ſiennes.

Nul autre à ces talens ne ſçauroit paruenir,
Mais que pour le futur c'eſt vn grand Perſonnage,
Et qu'on le juge bien Maiſtre de l'aduenir.
A ne faire que voir ſes yeux & ſon viſage.

IX. ENTRE'E.

Gens cherchant la Cadance que le vin
leur a fait perdre.

Villedan, les Srs. Verbec, Laleu, le Vacher, & Lambert.

Pour Villedan, *chercheur de Cadance.*

ATtraper la Cadence eſt vn penible ouurage,
Ie perds en cette enqueſte & ma peine & mes pas,
Ie la cherchay jadis dedans le mariage,
Et ne l'y trouuay pas.

X. ENTRÉE.

Deux Gueux & vne Gueufe ruinez
par le vin.

Mrs. de Sainctot, de Lardenay, & Cabou.

Adis nous auions dequoy frire,
Maintenant nous n'auons plus rien,
Et nous ne laiſſons pas de danſer, & de rire,
Jl n'eſt rien de ſi doux que d'aualer ſon bien.

XI. ENTRÉE.

Dieu Pan & ſes Faunes, qui ſortent de l'Iſle
& dreſſent vne table couuerte
de mets delicieux.

Le Cheualier de Guiſe, le Comte de Lillebonne,
les Marquis de Richelieu, & de Humieres,
& le Sr. Ioyeux.

Ans nos bois & ſur nos fougeres
Nous courons les jeunes Bergeres,
Elles ont beau doubler le pas
Nous les attrappons de viteſſe,
Et nos pieges ont tant d'appas
Qu'il faut vne grande iuſteſſe
A celles qui n'y tombent pas.

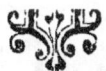

Le Chevalier de Guise, *representant le Dieu Pan.*

PLus insensible que les bois
   Où ma Diuinité preside,
J'ignore ce que c'est d'Amour & de ses loix,
   Ou si dans mon ame il reside,
Il faut donc qu'il y soit sans flame & sans carquois.

   Les Faunes qui me font la cour
   N'en jugent rien à mon visage,
Et les Antres secrets dont les rayons du jour
   N'ont jamais sceu percer l'ombrage,
Sont beaucoup moins secrets que ne l'est mon amour.

   Les Nymphes disent que j'ay tort,
   Et iurent de m'estre cruelles,
De me faire la guerre, & de crier bien fort,
   Au cas que ie brusle pour elles.
C'en est fait il est pris, & le grand Pan est mort.

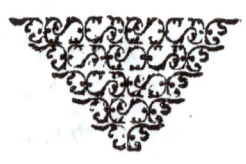

XII. Entre'e.

XII. ENTRE'E.

Six Cheualiers de la table ronde, qui chaſſent
les Faunes & ſe mettent à table.

Le Duc de Candale, le marquis de Piſy, les Comtes
de Froulé, & de la Tour Roquelaure,
Mᵉ Ribere, & le Sᵗ Mongé.

CEs braues Cheualiers combatent
Par tout le monde à fer trenchant,
Vers le Midy leurs faits éclatent,
Ils éclatent vres le Couchant:
C'eſt à dire que cette Troupe,
A parler tout communément,
Fait des merueilles au moment
Ou qu'elle diſne, ou qu'elle ſoupe.

XIII. ENTRE'E.

Les Baſteleurs qui diuertiſſent les Cheualiers.

Mᵉ Heſſelin, *Harlequin.*
Les Sᵗˢ Lerambert & du Mouſtier, *Colles.*
Bonar, fils. *Godenot.*   Sa Sœur. *Gouuernante.*
La petite Molier. *Femme de Godenot.*

AVec adreſſe & bonne grace,
Et comme on ne s'attend à rien,
Prendre vn cœur & donner le ſien,
C'eſt vn beau tour de paſſe-paſſe.

D

XIV. ENTRE'E.

Inuenteurs de Preſſoirs Automne & Achanariens.

Les marquis de Villequier, de Sainct Martin,
de Charmazel, les Comtes de Carces,
& de Bregy.

Le marquis de Villequier, *repreſentant l'Automne.*

AVX DAMES.

VOulez-vous de mes fruicts, ils ne ſont point amers,
Quoy que pour la ſaiſon ils ſoient vn peu bien vers,
Je me ſuis fort haſtée ; & c'eſt en ma perſonne
Qu'on trouue le Printemps en y cherchant l'Automne.

Le Comte de Carces, les marquis de Sainct Martin,
& de Charmazel, & le Comte de Bregy, *repreſentans*
des Achanariens & Inuenteurs de Preſſoirs.

AVX DAMES.

NOus auons inuenté l'Art de preſſer Bacchus,
Et fouler aux pieds la vendange,
Afin d'en exprimer le jus,
Bacchus s'en plaint, Amour le vange,
Et comme nous auons preſſé cette liqueur,
Jl fait que vos beaux yeux nous vont preſſant le cœur
D'vne maniere plus étrange,
Ainſi par ſa permiſſion
Nous ſommes tourmentez de noſtre inuention.

XV. ENTRÉE.

Musique Crotesque.

Les Srs. Laleu, Queru, & Lambert.

XVI. ENTRÉE.

Le Ieu, la Débauche, & la Crapule.

Le Duc de Ioyeuse, les Srs. Molier, & Robichon.

Le Duc de Ioyeuse, *representant le Ieu.*

AVX DAMES.

AYmez le Ieu, n'en ayez point de honte,
A ce plaisir adonnez vous vn peu,
Vous pourriez bien y trouuer vostre conte,
Aymez le Jeu.

XVII. ENTRÉE.

Icar & quatre Bergers.

Le Prince d'Harcourt, le Duc de Roüannez,
le Sr. Ioyeux, & les Srs. Verbec.
& de Sens.

Le Prince d'Harcourt, *representant Icar assommé*
par des Bergers qu'il auoit enyurez du vin
que luy auoit donné Bacchus.

LEs destins à ma vie ont esté bien contraires,
Je ne pouuois fuyr l'vn de ces deux dangers,
Et je deuois perir par les mains des Bergers,
Ou j'auois à mourir par les yeux des Bergeres.

Le Duc de Roüannez, *representant vn Berger*
qui se croit empoisonné.

ESt-ce enfin poison ? est-ce Amour ?
Ou si chacun d'eux à son tour
Me trouble l'esprit & la veuë ?
Mais que de sens & de raison
Mon ame est icy despourueuë,
Si c'est de l'Amour qui me tuë,
Helas ! n'est-ce pas du poison ?

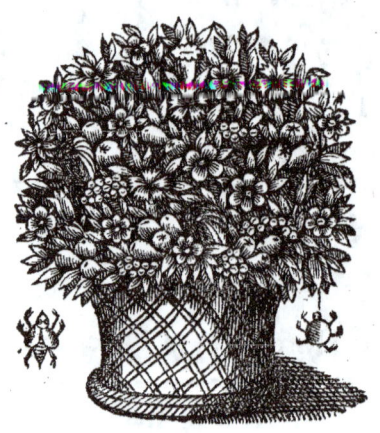

RECIT

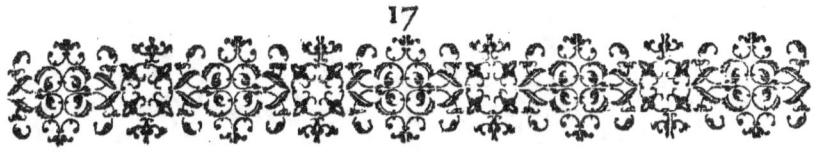

RECIT.

Venus, la Volupté, trois Graces.

AV ROY.

Venus.

 E fuis la mere de l'Amour,
IEVNE ROY, qui viens dans ta Cour
Amener les delices.

La Volupté.

Et moy je fuis la Volupté
Qui termine la cruauté
Des amoureux fupplices.

Les Gracès.

Que ce Prince eft aymable & beau,
Aufi mefme dans le berceau
Il fut accompagné des Graces.

Toutes enfemble.

Rendons fes plaifirs accomplis,
Et marchons toujours fur les traces
Du jeune Monarque des Lis.

Venus.

Il faut qu'Amour en foit vainqueur,
Et déja fur ce noble cœur
Sa victoire eft certaine.

E

La Volupté.

Faisons qu'il ait ce beau desir,
Et pour en gouster le plaisir
Qu'il en sente la peine.

Les Graces.

Qui ne se laissera tenter,
Et qui pourra luy resister
S'il est accompagné des graces.

Toutes ensemble.

Rendons ses plaisirs accomplis,
Et marchons toujours sur les traces
Du jeune Monarque des Lis.

XVIII. ENTRE'E.

Orphée, Silene, & Bacchantes.

Orphée déchiré par les Bacchantes, & representé par
M.' Seguier.

D'*Un Luth harmonieux le son tendre, & plaintif,*
Ne sçauroit desarmer le cœur vindicatif
De ces femmes cruelles,
Pourquoy me déchirer, & qu'ay-je fait contr'elles ?
J'aymay toujours le sexe auec tant de chaleur,
Et voyez à quel point il regnoit dans mon ame,
Ie fus jusqu'aux enfers redemander ma femme,
Peu de Maris iroient si loin querir la leur.

Bacchantes.

LE ROY.　　Mr. de Gontery, Mr. Ribere,
Mrs. Sainctot, & Cabou, & le Sr. Robichon.

LE ROY, *representant vne Bacchante.*

IEune Bacchante que je suis
I'employe à tout ce que je puis
L'impetueuse ardeur dont je ne sçay que faire,
Ie ne cesse de m'agiter,
Et mon exercice ordinaire
Est de courir, danser, sauter.

Mais i'espere qu'au premier iour
I'iray boire vn doigt chez l'Amour,
Il m'en va conuier, & si ie ne me flate,
Il me receura de bon cœur,
Me fera chere delicate,
Et me percera du meilleur.

De là ie quitte en peu de temps
Tous ces petits vins, & pretens
Aualer à longs traits du grand vin de la gloire,
Déja la Nature & les Cieux
En naissant m'en ont tant fait boire,
Qu'on voit qu'il me sort par les yeux.

A Villedan, *representant vne Bacchante.*

VOus en auez bien pris de la liqueur Bachique,
Mais ce n'a pas esté dans vostre domestique,
Ayant trop témoigné comme il ne falloit pas
S'enyurer de son vin alors qu'il est au bas.

XIX. ENTRÉE.

Dieu du Sommeil fortant du Temple de Bacchus
ſuiuy des Songes ou Phantoſmes , Viſions de
trophées , d'Hommes de feu , d'Hommes de glace , du fleuue d'Oubly , & de Fées enfantant des
eſprits follets.

Le Sommeil , repreſenté par le Sᵗ· Beaubrun.

AVX DAMES.

DE *mes pauots delicieux*
I'entretiens vos beautez , & trouue ce me ſemble
Que vous vous en portez bien mieux
Quand nous auons paſſé toute la nuiĉt enſemble.

De crainte qu'ils ne ſoient battus
Ie tiens clos & couuerts vos beaux yeux adorables ,
Et i'ay de ſecrettes vertus
Pour le ſoulagement de tous les miſerables.

Ie fais de merueilleux tableaux ,
Fragiles , delicats , peints d'ombre & de fumée ,
Et qui ne ſont iamais ſi beaux
Qu'en les conſiderant à paupiere fermée.

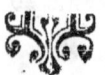

Monſieur

Monſieur de Crequy, le Grand Maiſtre de l'Artillerie,
Mr. de la Chaiſnaye , & le Sr. le Vacher.
repreſentans des Songes ou Phantoſmes.

A v x   D a m e s.

SOus vne aymable figure,
Et brillans au dernier point,
Belles, nous ne ſommes point
Songes de mauuais augure.

Nous auons le gouſt des hommes
Qu'Amour ſe plaiſt d'attaquer,
Il eſt aiſé d'expliquer
Des ſonges comme nous ſommes.

Nous voulons en gens habiles
Quelque choſe de reel,
Et c'eſt noſtre naturel
D'eſtre legers & fragiles.

Ne croyez pas aux menſonges
De ceux qui ſur noſtre fait
Vous diront que c'eſt mal fait
De s'arreſter à des ſonges.

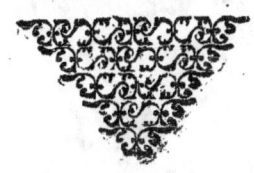

E

Le Grand Maiſtre de l'Artillerie, *repreſentant*
vn Phantoſme.

DEs fantoſmes le plus terrible
Ie ſçay faire vn vacarme horrible,
Par moy tout peut eſtre détruit :
I'ay des tonnerres & des flames,
Mais ie me r'adoucis la nuict,
Et ie puis apparoiſtre aux Dames
Sans faire d'esclat, ny de bruit.

Monſieur de Crequy, *repreſentant vn Phantoſme.*

DIuine cauſe de ma flâme,
Ie n'ay plus ny de corps ny d'ame,
La raiſon en paroiſt aſſez :
Pour mon ame elle eſt toute voſtre,
Et je me ſuis défait de l'autre,
A cauſe que je ſçay que vous le haïſſez.

Mais vous pourriez bien ce me ſemble
Les rejoindre tous deux enſemble,
Et reſtablir tous leurs accords ;
Loin d'en apprehender du blaſme,
Puiſque vous auez déja l'ame
Ce ſeroit charité de prendre auſſi le corps.

XX. ENTRÉE.

Trois Trophées de Bacchus.

Le Marquis de Viuonne, Mr. Coquet fils, & le Comte.

NOus feruons à Bacchus, nous en faisons trophée,
En recompense quelque iour
D'vne ardeur differente ayant l'ame eschauffée
Nous pourrons feruir à l'Amour.

XXI. ENTRÉE.

Hommes de Feu.

Le Duc de Candale, le Comte de Mauleurier,
Mrs. de Gontery, Seguier, le Sr. de Sainct André,
& le Sr. Barbau.

Le Duc de Candale, *representant le Feu.*

EStincelant & vif, ie croy qu'il en est peu
Qui puissent comparer leurs flames à mes flames,
Ie n'en fais point le vain, mais ie suis vn vray feu
A consommer le cœur des Dames.

De ma possession leur sort seroit heureux,
Si i'en voulois auoir il m'en viendroit à troupes,
O qu'elles voudroient bien que ie fusse amoureux,
Et que le feu prit aux estoupes.

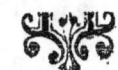

Monsieur de Comenge, *representant le Feu.*

IL faut que ie m'éleue, & mon ambition
    Des objets rampants n'a que faire,
    Et si i'ay quelque passion,
    Elle est au delà de ma sphere.

XXII. ENTRÉE.

Hommes de glace.

LE ROY. le Comte de Sainct Agnan,
le St Courtois, les Srs Lambert,
Laleu, & Robichon.

LE ROY. *representant vn glacé.*

I'Entre dans vn Printemps qui va rompre la glace
    Qui me contraint & m'embarasse,
Et ie feray bien-tost sentir aux plus hardis
    Que mes doigts seront dégourdis.

Déja mon froid imprime vne crainte profonde,
    Et ie ne voy guere de monde
Qui ne tremble dans l'ame à mon Royal aspect,
    Et ne soit glacé de respect.

Mon cœur beaucoup plus grand que tous les cœurs ensemble
    N'a que trop d'ardeur ce me semble,
Et ie souhaiterois qu'il fut plus froid qu'il n'est,
    Ie me doute de ce que cest.

XXIII. ENTRÉE.

XXIII. ENTRÉE.

Fleuue d'Oubly.

Le Marquis de Pify-Genlis, *repreſentant le Fleuue d'Oubly.*

AVX DAMES.

HElas diuinitez mortelles,
Que ne puis-je moy-meſme en vertu de mon eau
Oublier que vous eſtes belles,
Ou vous faire oublier que ie ne ſuis pas beau.

XXIIII. ENTRÉE.

Les Fées qui enfantent des Eſprits folets.

Le marquis de Sainct Martin, Mr. de Raſliere,
Mr. Coquet fils, & les Srs. Sainct Fray,
& Barbau.

NOus voyons clair dans les ſombres deſtins,
Aux vieux deſerts nous faiſons nos vacarmes,
Et ce ne ſont que Folets & Lutins
Qui peuuent eſtre amoureux de nos charmes.

Mr. de Raſliere, *repreſentant vn Eſprit follet.*

AVX DAMES.

BEaux yeux dont les miens ſont rauis,
Voyez moy bien, à voſtre aduis
Suis-je taillé d'vne maniere
A paſſer aiſément pour vn de ces Eſprits
Fort dégagez de la matiere?

G

XXV. ENTRÉE.

L'Efcuyer chargé des armes de ceux qui doiuent danfer apres.

Mᶜ du Foullioux, *reprefentant l'Efcuyer*.

Elegie à fa Maiftreffe.

IEune *&* fiere beauté que ie ne nomme point,
Au fond de voftre cœur vous fçauez à quel point
Le mien eft enflamé pour vos aymables charmes,
Ie n'ay fceu m'en defendre auec toutes ces armes,
Et vous auez fauffé par vos diuins appas
Celles qui font à moy, celles qui n'y font pas.
C'eft à vous feulement que mon feu fe reuele,
Mais l'amour m'a fi fort embroüillé la ceruelle,
Que dés le premier mot que ma bouche produit
Le fens commun efquiue, *&* la raifon s'enfuit;
C'eft pis quand ie m'abftiens de ma rare eloquence,
Et tout le monde rit au nez de mon filence,
D'où vient à mon efprit vn fi dangereux choc,
Cette ingenuité n'eft point de mon eftoc,
Et ie ne ferois point ces chofes de moy-mefme,
Il faut bien que ce foit parce que ie vous ayme.
Ceux qui penfent auoir tout le bon fens pour eux
Sont auffi fous que moy quand ils font amoureux,
Et ie me reffouuiens qu'on m'a dit, ce me femble,
Qu'Amour *&* la Sageffe eftoient broüillez enfemble.

Mais ie m'emporte icy dans le raisonnement,
Il s'agit, s'il vous plaist, de guerir mon tourment :
Car si vostre seruice est de nul auantage,
Ie n'ay pas resolu d'y vieillir dauantage ;
Est-il pas iuste aussi que chacun ait le sien,
Le Mary prendra tout & l'Amant n'aura rien ?
  Souffrez que ie vous mene, & que ie me propose
D'estre vostre Escuyer, c'est toujours quelque chose,
Non que ie borne là mon vol ambitieux,
Ce n'est que pour vous voir, & qu'en attendant mieux.

XXVI. ENTRÉE.

Gendarmes ou Gladiateurs animez par le vin.

Le Prince d'Harcour, le Comte de Lillebonne,
le Marquis de Richelieu, le Comte
de Bregy, le Marquis de Genlis,
& le St. du Val.

LA rage dans le cœur & le sang dans les yeux,
Nous causons le desordre & l'horreur en tous lieux ;
  Le carnage est ce qui nous charme :
Mais le plus fier de nous est bien-tost surmonté,
Quand il trouue vne ieune & charmante beauté
  Qui luy dit, Baisez-moy Gendarme.

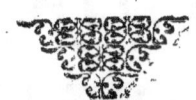

XXVII. ENTRÉE.

Titans qui ont massacré Bacchus, & qui viennent à ses Festes touchez de repentir, & de deuotion pour son culte.

LE ROY. le Comte de Sainct Agnan, le Marquis de Villequier, Mr Sanguin, & les Srs Sainct Fray, & Barbau.

LE ROY, *representant vn des Titans.*

MA naissance est si haute & si proche des Cieux,
Que je ne pense pas estre vn ambitieux
Dont la temerité ne se puisse defendre,
Et fait comme ie suis le Ciel pourroit me prendre
Moins pour vn des Titans que pour vn de ses Dieux.

Tout au dessous de moy me paressant si bas
La hauteur du dessein ne m'epouuante pas,
Et pour y paruenir i'ay la force & l'audace,
J'y touche peu s'en faut de mon illustre place,
Et du Throsne où ie suis il ne reste qu'vn pas.

Mais les Dieux pour ce coup ne seront point battus,
Je m'en tiens aux projets que mes Ayeuls ont eus
D'estre aymé dans la paix, d'estre craint dans la guerre,
Et suffit dans cent ans qu'ayant soûmis la Terre
J'escalade le Ciel à force de vertus.

XXVIII. ENTRÉE.

XXVIII. ENTRÉE.

Pirates échoüez en l'Isle dorée, & qui viennent
aux Festes de Bacchus.

Le Marquis de Pisy, le Comte de Froulé,
& les Sⁱⁱ Mongé & Queru.

NOus auons escumé les Mers
Et fondé sur les flots amers
Vne richesse qui s'augmente,
Mais quelques si grands biens que nous ayons acquis,
Nous gaignerions sans doute vn thresor plus exquis,
Si nous auions perdu l'Amour qui nous tourmente.

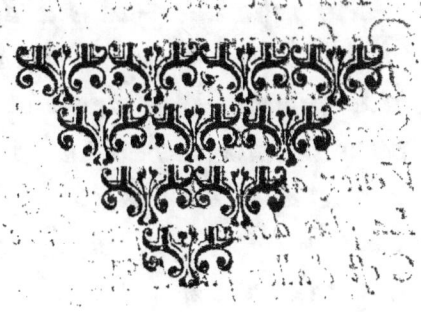

H

XXIX. ENTRÉE.

Mercure enuoyé de la part de Iupiter pour honorer les festes de Bacchus.

Roquelaure, *representant Mercure.*

AVX DAMES.

MEſſager fidelle & diſcret
Ie tiens le pacquet fort ſecret
Que les Dames m'oſent commettre,
Ame viuante n'y penetre,
Et ma charge eſt d'vn tel rapport
Que ie n'ay iamais rendu lettre
Qu'on ne m'ait bien payé le port.

Au reſte auez-vous le deſſein
De faire vn voyage loingtain
De galanterie & de joye,
Sans qu'on le ſçache ou qu'on vous voye?
Venez auec moy ſans danger,
La plus douce & plus ſeure voye
C'eſt d'aller par le Meſſager.

Entre les Larrons Amoureux
Ie preſide & toujours comme eux
I'ay quelque nocturne beſongne,
Mes Riuaux en ont grand vergongne,
Suffit d'eſtre Mercure enfin,
Et venir du ciel de Gaſcongne
Pour eſtre le Dieu du larcin.

Comme mon bien dire est vanté,
Ie ne fais point difficulté
D'enrichir vn conte agreable,
Et de passer le vray-semblable,
Mais c'est pour vser de mes droits,
Et nous autres Dieux de la fable
Il faut bien mentir quelque fois.

XXX. ET DERNIERE ENTRE'E.

Apollon & les neuf Muses, qui se trouuent aux
Festes, à cause de l'affinité qui est entre
elles & Bacchus.

LE ROY.   Le Duc de Ioyeuse, Villedan,
les Comtes de Sainct Agnan, & de Mauleurier.
Mr. de Gontery, Mr. Ribere, le Sr. Cabou,
& les Srs. Moliere, & Robichon.

Apollon, representé par le Sr. Cabou.

DEs filles du sacré vallon
I'en sçay mener huict à baguette,
Et rien plus le pauure Apollon
Se recommande à la cadette.

LE ROY, *representant une Muse.*

AVX POËTES.

TEnez vous prests, diuins Esprits,
Qui ne chantez pas à tout prix,
Et que la haute gloire pique;
Ie medite vn hardy projet,
Et vous prepare le sujet
D'vn grand & beau Poëme heroïque.

Du pas dont on me voit venir,
Je ne suis pas pour m'en tenir
Aux simples Lauriers de Parnasse,
Il faut que de cent viues fleurs
Que ie m'en vais cueillir ailleurs,
Ma noble guirlande se fasse.

Le Comte de Sainct Agnan, *representant vne Muse.*

LEs filles de memoire autrement les neuf Sœurs,
N'ont beautez, graces, ny douceurs,
Que ie ne partage auec gloire,
Ie retiens tous les vers que ie trouue à mon gré,
Et ie n'en sçache point dans le Troupeau sacré
Qui soit plus fille de memoire.

Villedan.

Villedan, *repreſentant vne Muſe.*

IE ſuis pucelle ſurannée,
Et des neuf Sœurs preſque l'aiſnée,
Mais ie vous laiſſe à deuiner
Ce qui conſole ma miſere,
Grace à Dieu, ie n'ay plus que faire
De vieille pour me gouuerner.

Le Comte de Mauleurier, *repreſentant vne Muſe.*

I'Ay les graces & les doûceurs
Du Troupeau qu'Apollon façonne,
Et qui voudra voir les neuf Sœurs
N'a qu'à voir ma ſeule perſonne.

F I N.

ENTRÉE SVPPRIMÉE.

De deux Coquettes, & d'vne Matrône.

LE ROY. *repreſentant vne Coquette.*

IE doute qu'auec moy pas vne Demoiſelle
  Entre en comparaiſon,
Car ie ſuis belle enfin, ieune, ſpirituelle,
  Et de bonne maiſon.

 Ie ſuis vn peu coquette, & malgré mon bas âge
  Ie veux vaincre par tout,
Mais ie me ſens auſſi la force & le courage
  Pour en venir à bout.

 Les acclamations pour moy ſont toujours preſtes,
  Et la gloire me ſuit,
Ie préuoy que dans peu ie feray des conqueſtes
  Qui feront bien du bruit.

 Combien d'adorateurs marchent deſſus mes traces,
  Et vont baiſant mes pas,
Et que de gens voudroient auoir mes bonnes graces
  Qui ne les auront pas.

 Ie ſuis ſage, & veux bien qu'auecque moy l'on rie,
  Mais point de liberté,
Et l'on ne voit qu'en moy de la coquetterie,
  Et de la Majeſté.

Les plus fameux deuins ont fait mon horoscope,
  Et disent qu'à mes pieds
Sans doute quelque iour tous les Rois de l'Europe
  Seront humiliez.

 Quelque brillant éclat que leur sçauoir me donne,
  Ce n'est point trop pour moy,
Ie sens que dans le corps d'vne ieune Mignonne
  I'ay l'ame d'vn grand Roy.

  Villedan, *representant la* Matrône.

LEs deuoirs qu'on rend à nostre âge
 Sur tout en fait de Mariage,
 Sont des deuoirs bien rigoureux,
 Et décrepites que nous sommes
 Nous ne faisons de malheureux
 Qu'autant que nous espousons d'hommes.

  Assez de Galands nous arriuent
 Qui nous cajolent, nous poursuiuent,
 Et font deuant nous les jolis,
 Mais auecque toute leurs offres
 Nous aurions de fort mauuais lits
 Si nous n'auions de fort bons coffres.

  Helas ! ie sçay ce qu'en vaut l'aulne,
 Moy qui suis icy la Matrône
 De ces deux aymables beautez,
 Vne qui fut plus ancienne
 Estoit iadis à mes costez,
 Et moy-mesme i'auois la mienne.

Que c'eftoit vne vieille Prûde,
Incommode, fafcheufe, rude,
Et que i'ay languy fous fa loy,
Elle eftoit toujours en ceruelle,
Et pour mieux répondre de moy
Me faifoit coucher auec elle.

Enfin apres l'auoir perduë
Ie ne me fuis point defenduë
De faire vn meftier qu'elle a fait,
L'on m'honore dans les familles,
Et ie m'adonne tout à fait
A gouuerner les jeunes filles.

F I N.

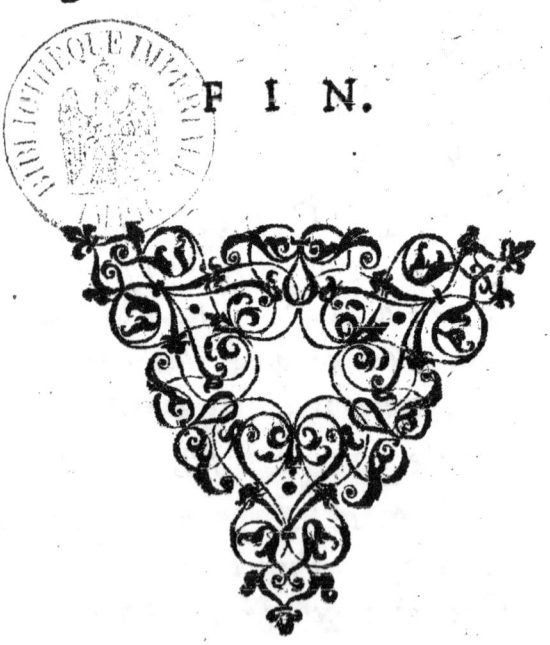

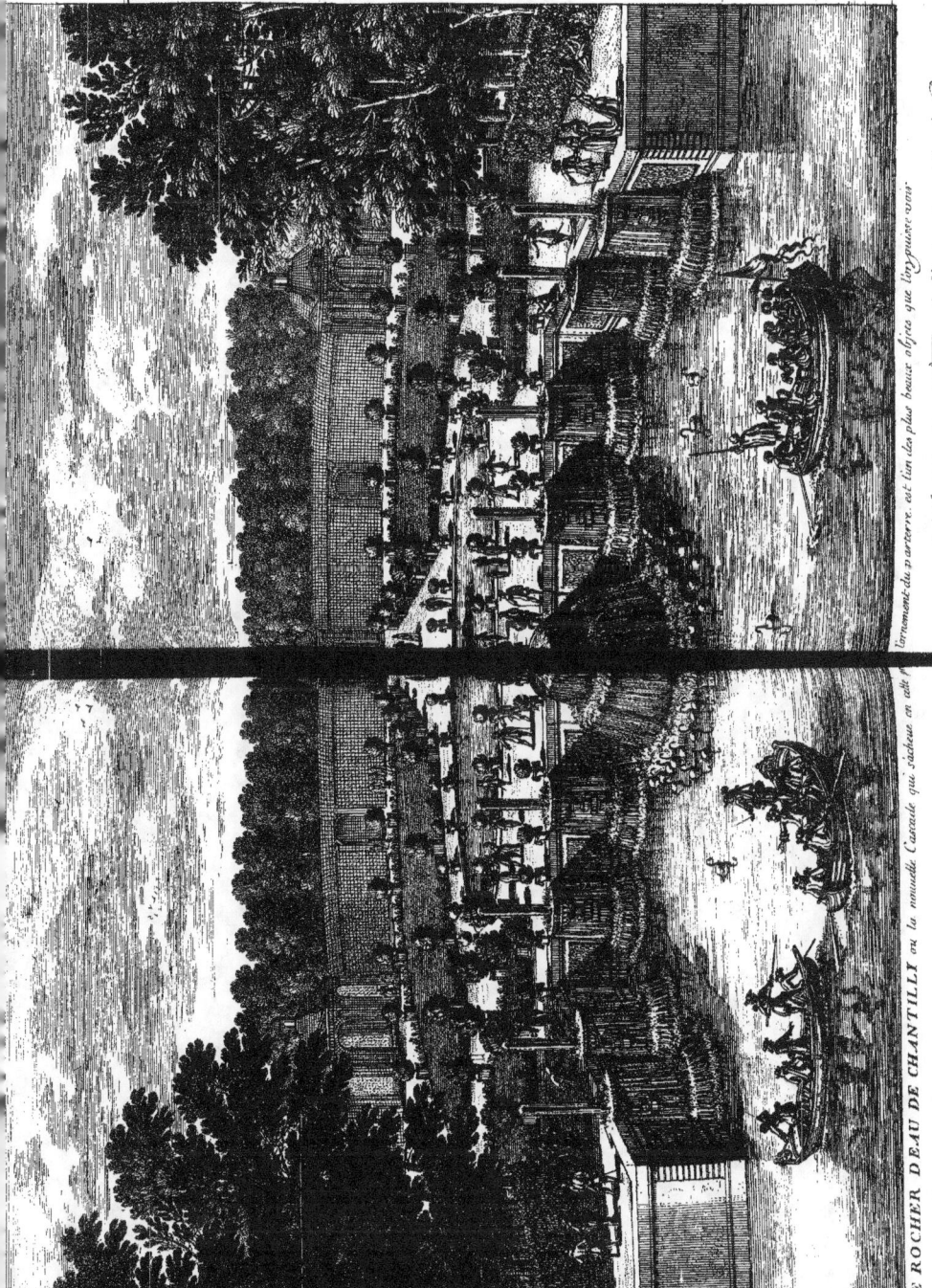

LE ROCHER D'EAU DE CHANTILLI ou la nouvelle Cascade qui sáchene en été l'arrosement du parterre, est l'un des plus beaux objets que l'on puisse voir

a Paris chez N. Lombard rue St Iacque a la Victoire avec privilege du Roy

Poulle fecit

www.ingramcontent.com/pod-product-compliance
Lightning Source LLC
Chambersburg PA
CBHW030120230526
45469CB00005B/1722